Gonzalo de Berceo

Martirio de san Laurencio

Barcelona 2024
Linkgua-ediciones.com

Créditos

Título original: Martirio de san Laurencio.

© 2024, Red ediciones S.L.

e-mail: info@linkgua-ediciones.com

Diseño de cubierta: Michel Mallard.

ISBN rústica ilustrada: 978-84-9816-247-9.
ISBN ebook: 978-84-9897-819-3.

Sumario

Brevísima presentación

La vida
Gonzalo de Berceo (Berceo, Logroño, 1195-d. 1264). España.

Pertenece a la tradición literaria llamada «mester de clerecía», integrada por eclesiásticos y hombres de letras. Se educó en el monasterio de San Millán de la Cogolla (La Rioja), en el que ofició como clérigo secular, y fue más tarde diácono (c. 1120) y presbítero (c. 1237).

Martirio de san Laurencio

I. En el nomne glorioso del Rey omnipotent
Que façe Sol e Luna naçer en orient,
Quiero fer la passion de sennor Sant Laurent
En romaz que la pueda saber toda la gent.
2. Vinçençio e Laurençio omnes sin depresura
Ambos de Uesca fueron, dizlo la escriptura,
Ambos fueron katolicos, ambos de grant cordura,
Criados de Valerio e de la su natura.
3. Al tiempo que Valerio tenia la bispalia
El bispado de Uesca muy noble calongia,
Nudrió estos criados, desmostrolis la via,
Que amasen al fijo de la Virgo Maria.
4. En prender el su seso fueron bien acordados
Commo si los oviese Sant Paulo doctrinados:
Mantenian a derechas los sus arçiagnados,
Los fructos de sus prestamos non los tenien alzados.
5. En complir con su offiçio metien toda mission,
Convertien los errados con su predicaçion,
Juzgaban tos iudiçios por derecha razon,
Avielos Jesuchristo plenos de bendi~ion.
6. Tenie en essi tiempo en Roma el papado
Un sancto apostoligo, Sixto era clamado,
Bien en tierras de Greçia naçió e fue criado,
Primero fue filosofo, despues papa alzado.
7. Por ordenar las cosas que avie comendadas,
Que de Dios a la alma nol fuessen demandadas,
Envió por las tierras las cartas seelladas,
Mandar las clareçias quando fuesen yuntadas.
8. El obispo don Valerio de todo bien amigo

Con estos dos criados dió en Roma consigo,
Plógoli mucho a Sixto commo con pan de trigo:
Dissol a Sant Valerio: mucho me plaz contigo.
9. Plógol de voluntat con estos companneros,
Ca eran bien tan simples commo monges claustreros,
Fablaban cuerda-mientre, diçien dichos çerteros,
Por en disputaçion eran buenos voçeros.
10. Disol a don Valerio Sixto su voluntat:
Ruegote, mi amigo, por Dios e karidat
Que reçibas mi ruego e fes esta bondat,
Que me des estos clerigos por en esta çipdat.
11. Gradeçertelo e mucho de corazon,
Sere tu adebdado pora toda sazon:
Frayre cata derecho, e non digas de non,
Ca faries contra ley e non serie razon.
12. Sennor, disso Valerio, padre de christiandat,
Por la orden que tienes e por tu piadat,
Entiendi mi flaqueza e mi neçesidat,
Si non somos perdidos yo e la mi çipdat.
13. Bien lo entiendes, padre, ca eres bien membrado,
El uno es mi lengua, el otro mi privado,
Terriame sin ellos por pobre e menguado,
Mas quiero que prendas, sennor, el obispado.
14. Recudioli el papa que grant tuerto façie,
Que a su apostoligo no li obedeçie,
Quiquiere que udiesse por tuerto lo verie,
Otro por aventura esso misme farie.
15. Sennor, disso Valerio, ayamos avenençia,
Que non sea sonada esta nuestra entençia:
Prendi qual tu quisieres, tu fes la descogençia,
Yo vivré con el otro, mas non sin repindençia:
Disso el apostoligo: otorgo la sentençia.

16. Valerio e Sant Sixto ficaron avenidos
Con sus sendos diachonos de caridat complidos,
Laurençio con Sant Sixto, peroque adamidos,
Viçençio con Valerio tristes e desmarridos.
17. Grant serie la matheria por en ambos fablar,
Serie gran regunçerio, podrievos enoyar:
Tornemos en Laurençio la su passion contar,
A lo que prometiemos pensemos de tornar.
18. Sixto con Sant Laurençio ovo grant alegria,
Veye que li vinie por el grant meioria,
Volaba el so preçio por toda Romania,
Todos andaban liebdos de grant plaçenteria.
19. Sacados los apostolos que tienen mayor grado,
Nunqua fue el conçeio con omne mas pagado:
Todos diçien que Dios lo avie enviado,
Elli fuese por ello graçido e loado.
20. Era sancta ecclesia por él illuminada,
Catabalo por padre la gent desconseiada,
Non tenie sanna vieia en seno condesada,
Nin issie de su boca palabra desguisada.
21. Ministraba a Sixto en el sancto altar,
Avinie bien sobeio en leer, en cantar,
Era leal ministro, sabie bien ministrar,
Sabie en los iudiçios derechura catar.
22. Era por en conseios muy leal conseiero,
De lo que Dios li daba era buen almosnero,
Bien tenie poridat, non era mesturero,
Non daba una gallara por omne losengero.
23. Omne era perfecto de grant discretion,
Udie bien los cuitados, entendie bien razon,
Doliese de las almas que van en perdiçion,
Murie por ser martir, prender por Dios passion.

24. Bien estaba la cosa, corrie viento temprado,
Nos sacaba de casa al fijo el adunado,
Mas volviose la rueda, fue el ax trastornado,
Fue el verano todo en yvierno cambiado.
25. Levantaron romanos un mal emperador,
Si Nero fue muy malo, non fue esti meyor,
Cogió con Jesuchristo un tan grant desamor,
De oir el so nomne non avie nul sabor.
26. Desafió al mundo e a toda la christiandat,
Empezó en los clerigos façer grant crueldat,
Dabalis fuertes penas sin nulla piadat,
Façie exiemplos malos de toda voluntat.
27. Ovo a oyr Sixto que tenie el papado.
Commo andaba Deçio tan fuert e tan irado,
Entendió que so pleyto todo era librado,
Que avie sines dubda a seer martiriado.
28. Entre su voluntat ovo grant alegria,
Ayuntó su conçilio, toda su crereçia:
Amigos, disso, valanos madre Sancta Maria,
Ca somos en grant cueyta e eh grant pleytesia.
29. El emperador anda por la fe guerrear.
Quiere fer los christianos a Christo denegar,
Que vayan a los idolos ofreçer e orar,
Los que lo non fiçieren quierelos martiriar.
30. Amigos esta vida mucho non la preçiemos,
Oblidemos el mundo, de las almas pensemos,
Quanto aqui dessaremos, todo lo cobraremos,
Non nos embargue miedo, en Dios solo fiemos.
31. Dios por sancta ecclesia salvar e redemir
Dió su cuerpo a penas, en cruz quiso morir;
Murieron los apostoles por a Christo seguir
Por alzar la ecclesia, la mala fe premir.

32. Los que agora somos conviene que muramos,
Los nuestros anteçessores muriendo los sigamos,
Demos por la ecclesia las carnes que çevamos,
Por poco de laçerio las almas non perdamos.

33. Demientre que Sant Sixto façie esti sermon,
Confortaba los clerigos commo sancto varon:
Vinoli tal message a poca de sazon
Que fuese ante Deçio mantener su razon.

34. Vio que del martirio non podrie estorçer,
Plógol tanto que nunqua ovo tan grant plaçer,
Clamó a su diáchono criado de valer,
De todos sus tesoros fizolo çellerer.

35. Fue el sancto obispo ante el emperador,
Disputó con el lobo commo leal pastor,
Dissol: que quieres Deçio? fabla con buen sabor,
Nos bien te respondremos, grado al Criador.

36. Dissol Deçio a Sixto: de ti esto querria:
Que me des los tesoros de la tu bispalia:
Si tu bien lo fiçieres, avras la graçia mia,
Si non, lazdrarlos edes tu e la tu clereçia.

37. Dissol Sixto a Deçio: diçes grant desmesura,
Semeias omne cuerdo, e diçes grant locura,
El tesoro de la elesia non serie derechura
Darlo en malos usos, en mala mercadura.

38. El bien de la ecclesia de Dios debe seer,
O meterlo en pobres si fuese menester:
Los que oran los idolos non lo deben aver,
Ca debie qui lo diese, en infierno caer .

39. Dissol Deçio a Sixto: eres mal razonado
Cueytas de fablar entre piezas privado,
Puedes mover a omne a fer desaguisado,
Si prendes una fonta, nunqua serás vengado.

40. Dissol Sixto a Deçio: oyas emperador,

Damme vez que fable por Dios nuestro Sennor:
Tu eres un grant omne, mucho es Dios mayor.
Non preçio tus menazas un dinero valor.

41. Los tesoros que pides, bien están condesados,
Qui en manos los tovo, bien los a recapdados,
Aver non los podedes nin tu nin tus criados,
Ca estonz los terria non por bien empleados.

42. Sixto, dissoli Deçio, semeias enloquido,
Andas fuera de carrera en un vano reydo;
Sacrifica connusco, cambia essi sentido,
Si non en ora eres que serás mal baylido:

43. Dissoli Sixto: Deçio, fablas grant vanidat,
Non iaz en tus falagos punto de piedat,
Andas por confonder toda christiandat,
Mas tu serás confuso, esto será verdat.

44. Yo a don Ihesuchristo quiero sacrificar
Que fizo de si ostia por las almas salvar:
Non quiero a tus idolos servir nin adorar,
Que non an nul sentido nin se pueden mandar.

45. Enfellonóse Deçio contra Sixto muy mal,
Mandó que lo sacassen fuera al arenal,
Que lo descabezassen, non pasassen por al:
Disso Sixto: perdonete el que puede e que val!

46. Mientra que Sixto sóvo con Deçio en contienda,
Los tesoros que tovo Laurençio en comienda,
Diolos todos a pobres, on diz la leyenda:
Dispersit, dedit pauperibus, fizo rica façienda.

47. Laurençio era omne de muy grant sanctidat,
Sobre las gentes pobres façie grant karidat,
Tollie a los enfermos toda la enfermedat,
E daba a los çiegos lumne e sanedat.

48. Si sobre los enfermos ponie él las manos,

Los que eran dolientes tornaban luego sanos:
Los que andaban antes a penas por los planos,
Despues corrien la pella fuera por los solanos.
49. De las sus sanctas manos muchos bienes issieron
Los enfermos sanaron, los pobres apaçieron,
Los çiegos alumnaron, los desnudos vistieron,
Fueron bien venturados quantos a él creyeron.
50. El varon beneyto quito de mal farmario
Partiendo los tesoros commo leal vicario,
Andando por la villa caeçió en un varrio,
Trobó y una bibda sancta de grant donario.
51. Avie en essi varrio vna bibda lazdrada
De xxx e dos annos que era descasada,
Encubrie de christianos muchos en su possada,
Façiendolis serviçio de manera granada.
52. Avie en la cabeza enfermedat cutiana,
Tanto que siempre era mas enferma que sana,
Disso: sennor e padre de qui tanto bien mana,
Pon las tus manos sanctas sobre esta christiana.
53. A quantos que y eran christianas e christianos
Lavólis él los piedes con las sus sanctas manos:
Oró sobre la bibda, disso vierbos çertanos:
Luego los perdió todos los dolores cutianos.
54. Despidiose de todos, diolis su bendiçion,
Diolis de los tesoros a todos su raçion,
Fue buscar otros pobres, fer otra proseçesion,
Por lavarlis los piedes, darlis consolation.
55. En casa de Narçiso un noble senador,
Trobó muchos menguados siervos del Criador,
Creyentes en don Christo del mundo salvador,
Pero sedien con miedo del mal emperador.
56. Pero que pobres eran de averes menguados,

Ca por mala sentençia eran desheredados;
Fueron con él buen omne ricos e confortados,
Tenien que los avie de grant cueyta sacados.
57. Lavó luego piedes, terçiolos con su panno,
A quantos y estaban fizolis es si vanno:
Diolis de los tesoros, partiolis sin enganno,
Non dando a ninguno refierta ni sosanno.
58. Quando todos los ovo servidos e pagados,
Disso: seed, amigos, a Dios acomendados,
Faré yo mi offiçio, buscaré los menguados,
Ca ayna seremos de Deçio demandados.
59. Entre essas compannas de casa de Narçiso
Avie un omne bueno que perdiente el viso,
Dissoli: yo te ruego, si veas parayso,
Pon sobre mi tus manos que non ande por riso.
60. Puso en él las manos, fizo su oration:
Christo por qui la madre non prisso lision,
Que allumnes al çiego nado sin vision,
Tu fes en esti omne la tu consolation.
61. Quando Laurençio ovo la oration complida,
Fue la çeguedat toda de Creençio guarida,
Fiz el omne bueno man a mano su yda,
Ca ya querrie que fuesse la su ora venida.
62. Avie ya el tesoro todo bien empleado,
Fue pora su obispo el ministro privado,
Trobólo quel querían sacarlo del poblado,
Por darli el martirio, commo era iudgado.
63. Quando vio el bispo San Laurençio levar,
Empezó de sus oios grave-ment a plorar,
Metiendo grandes voçes empezó de clamar;
Sennor, por qué me quieres assi desemparar?
64. Merçed te pido, padre, de toda voluntat,

Que non me desempares, por Dios e caridat,
Si non me lievas, padre, en tu soçiedat,
Fincaré commo uerfano en toda pobredat.
65. Siempre quando queries a Dies sacrificar,
Queries la sancta missa deçir en el altar,
Contigo me levabas por a ti ministrar,
Non me devries agora, padre, desemparar.
66. Si en algo te fiçi, padre, algun pesar,
Quando en esto somos, devriesme perdonar,
Non devries al tu siervo tal ira condesar,
Por esto solo puede la tu alma lazdrar.
67. Serate, sancto padre, por grant yerro tenido
Tu entrar en tal çena, yo fincar desffamnido:
Sennor, alla me lieva, esta merçed te pido,
Querrie ir delante en esti apellido.
68. Los tesoros que tovi de ti acomendados,
Con la graçia de Christo bien yaçen recaudados,
Non los trobará Deçio ca bien son condesados,
Nos non lo perdremos, ca diemoslos mudados.
69. Alla yaçen alzados, do bien los trobaremos,
Nin nos serán negados, doblados los codremos.
Padre non me desdennes, en uno lo lazdremos,
Tu, sennor, yo tu siervo, muy bien nos conportemos.
70. Disso el sancto bispo al su levita sancto:
Fijo, assaz as dicho, non me porfiques tanto,
Mucho de mayor preçio a seer el tu manto,
Que non será el nuestro, esto yo te lo canto.
71. Nos commo somos viejos caidos en flaqueza,
Imos a la facienda a muy grant pereza:
Mas vos commo mançebos de mayor fortaleza,
Podredes combatervos, ganar muy riqueza.
72. Ante de quinto dia desto yo to mesturo.

Que te verás en priessa en torneo muy duro;
Mas tu terrás el campo, esto seas seguro.
Ganarás grant chorona, meior de oro puro.
73. Quanto ayas el vaso, que te daran bebido,
Luego serás connusco de buen manto vestido,
Ennas cortes del cielo serás bien reçebido.
Verás Dios commo onrra los que lo an servido.
74. Padre, si bien quisiesses derechura catar,
Debies al tu ministro delante enviar:
Debies del patriarcha est exiemplo tomar
Que quiso su fijuelo a Dios sacrificar.
75. Fijo, disso el padre, si nos diessen vagar,
Bien podriemos a esso dicho contrario dar:
Elias quando ovo esti sieglo a dessar,
El son sancto ministro dessó en so logar.
76. Cuitaronse los moros que lo levaban preso,
Dissieron: somos torpes, femos muy mal seso,
Si revellar quisiere, levemoslo en peso
Si non, darnos a Deçio amargos ajos queso.
77. Los omnes descreidos fiçieron descreençia,
Oyo a pasar Sixto por la dura sentençia:
Finó el sancto cuerpo de muy grant paçiençia,
Con él dos sus criados de buena cabtenençia.
Mientra iba Laurençio estas cosas diçiendo,
Fueron los omnes malos en él mientes metiendo,
Fue luego recapdado muy tost e corriendo:
Deçio quando lo sopo fueli mucho plaçiendo.
79. Los privados de Deçio, cadiellos carniçeros
Metieronlo en carçel con otros companneros,
Que lis darie Deçio por elti muchos dineros,
O que lis farie carta que non fuessen pecheros.
80. Entre essas compannas que yaçien en prisson

Avie un caballero çiego sin vision:
Rogó a Sant Laurençio, a es sancto varon
Que fiçiese por elli alguna oraçion.
81. Dissoli Sant Laurençio: si en Christo creyeres,
En el su sancto nomne babtismo reçibieres,
Avrás toda tu lumne; si es so non fiçieres,
Ganar nunqua la puedes la lumne que tu quieres.
82. Recudioli Luçillo commo bien acordado:
Yo fecho avrie esso de muy buen grado,
Ca quisilo e quierolo cumplir el tu mandado,
En tus manos me meto vestido e calzado.
83; Commo pora tal cosa era él muy liviano,
Fizol de las primeras a Luçillo christiano,
Desende bateólo con la su sancta mano,
Cobró toda su lumne, fue alegre e sano.
84. Fue por toda la tierra la razon levantada
Commo avie Luçillo la vision cobrada:
Vinieron a él muchos, quisque de su posada,
Veer est omne sancto de vertut tan granada.
85. Quantos a él vinieron, su cueyta demostraron,
Si vinieron enfermos, bien guaridos tomaron,
Los que menguados eran, del almosna levaron,
Muchos fueron sin cuenta los que por él sanaron.
86. Embió por Laurençio Deçio el emperante,
El que lo tenie preso, pusogelo delante:
Parescan los tesoros, digovos, don xrifante,
Si no lazdrarlos edes oy ante que yante.
87. Dissoli Sant Laurençio: todas tus amenazas
Mas sabrosas me saben que unas espinazas,
Todos los tus privados, nin tu que me porfazas,
Non me feches mas miedo que palombas torcazas.
88. Pesol esto a Deçio, quisose ensannar,

Pero con la copdiçia del tesoro ganar,
Disso que li darie essi dia vagar:
Fues con Valeriano a la noche a folgar.
89. Dubdó Valeriano de levarlo consigo,
Ca non lo querie mucho, nin era su amigo:
Dioselo a Ypolito, dissol: vaya-contigo
Que de toda nuestra leyes mortal enemigo.
90. Plógoli a Ypolito con toda su compannia
Ca entendie en elli de todos mejoria,
Guareçió los enfermos de toda maletia,
Façie sobre los çiegos vertudes cada día.
91. Aspiró Dios en elli por su benignidat.
De tornarse christiano vinoli voluntat,
Demandó el baptismo ley de christiandat,
Diogelo al diachono de la grant sanctidat.
92. El duc Valeriano otro dia mannana
Disso: id por Laurençio que los enfermos sana,
Veremos que pro yaçe en la su vierba vana,
Ca temo que iztremos con ganançia liviana.
93. Luego que fue venido, disso Valeriano:
Laurençio, mas semeias enloquido que sano,
Demostra los tesoros, passen a nuestra mano,
Si non, puedes perderte commo torpe livian.
94. Dame, disso Laurençio, treguas de terçer día,
Avre yo mi consejo con la mi cofradia:
Mostrarté los tesoros, ca oy non podría:
Disso Valeriano: de ti esso querria.
95. Creyó esta palabra el duc Valeriano,
Cuidó que lo tenie todo enna su mano,
Alabosse a Deçio, fizo fecho liviano,
Que lo prometió todo fastal peor grano.
96. Quando veno el dia de las treguas passar,

Llegó muchos de pobres quantos podio hallar,
Adussolos consigo, empezó de rezar:
Estos tesoros quiso siempre Dios mas amar.

97. Estos son los tesoros que nunqua envegeçen,
Quanto mas se derraman, siempre ellos mas creçen,
Los que a estos aman e a estos offreçen,
Essos avran el reyno do las almas guareçen.

98. Vio Valerio que era engannado,
Non li vinie el pleyto commo avie asmado,
Fue el emperador sannoso e irado,
Dissoli, commo era el plyto trastornado?

99. Tornaron en Laurençio, non pudieron al fer,
Dissieron: o sacrifica, o ve passion prender,
Desto por nulla via non puedes estorçer:
A la passion me quiero, disso él, acoger.

100. Por mas pena li dar, muerte mas sobraçera
Fiçieronli un lecho duro de grant manera,
Non avie en el ropa nin punto de madera,
Todo era de fierro quanto en alli era.

101. De costiellas de fierro era el lechigal,
Entre si derramadas por el fuego entrar;
Fiçieronli los piedes e las manos atar,
Mandose elli luego en el fuego echar.

102. Dieronli atal banno qual oydes contar,
Pensaron los ministros malos de atizar,
Avivaron el fuego, non se dieron vagar,
Façienli a Laurençio plaçer mas que pesar,

103. Las flamas eran vivas ardientes sin mesura,
Ardie el cuerpo sancto de la grant calentura,
De lo que se tostaba firvie la assadura,
Qui tal cosa asmaba non li mengue rencura.

104. Pensat, diz Laurençio, tornar del otro lado,

Buscat buena pevrada, ca assaz so assado,
Pensat de almorzar, ca avredes lazdrado:
Fijos, Dios vos perdone, ca feches grant pecado!
105. Diestesme yantar buena, fiçiestesme buen lecho,
Gradezcovoslo mucho, e fago grant derecho,
Non vos querrie peor por esti vuestro fecho,
Nin tenrrie otra sanna, nin vos avrie despecho.

Libros a la carta

A la carta es un servicio especializado para
empresas,
librerías,
bibliotecas,
editoriales
y centros de enseñanza;
y permite confeccionar libros que, por su formato y concepción, sirven a los propósitos más específicos de estas instituciones.

Las empresas nos encargan ediciones personalizadas para marketing editorial o para regalos institucionales. Y los interesados solicitan, a título personal, ediciones antiguas, o no disponibles en el mercado; y las acompañan con notas y comentarios críticos.

Las ediciones tienen como apoyo un libro de estilo con todo tipo de referencias sobre los criterios de tratamiento tipográfico aplicados a nuestros libros que puede ser consultado en Linkgua-ediciones.com.

Linkgua edita por encargo diferentes versiones de una misma obra con distintos tratamientos ortotipográficos (actualizaciones de carácter divulgativo de un clásico, o versiones estrictamente fieles a la edición original de referencia).

Este servicio de ediciones a la carta le permitirá, si usted se dedica a la enseñanza, tener una forma de hacer pública su interpretación de un texto y, sobre una versión digitalizada «base», usted podrá introducir interpretaciones del texto fuente. Es un tópico que los profesores denuncien en clase los desmanes de una edición, o vayan comentando errores de interpretación de un texto y esta es una solución útil a esa necesidad del mundo académico.

Asimismo publicamos de manera sistemática, en un mismo catálogo, tesis doctorales y actas de congresos académicos, que son distribuidas a través de nuestra Web.

El servicio de «libros a la carta» funciona de dos formas.

1. Tenemos un fondo de libros digitalizados que usted puede personalizar en tiradas de al menos cinco ejemplares. Estas personalizaciones pueden ser de todo tipo: añadir notas de clase para uso de un grupo de estudiantes, introducir logos corporativos para uso con fines de marketing empresarial, etc. etc.

2. Buscamos libros descatalogados de otras editoriales y los reeditamos en tiradas cortas a petición de un cliente.

www.ingramcontent.com/pod-product-compliance
Lightning Source LLC
Chambersburg PA
CBHW020449030426
42337CB00014B/1470